예배와 꽃꽂이

박을순 저

인 · 사 · 말

지금까지 오랜 세월동안 주님의 은혜 가운데 "성전 꽃꽂이" 봉사를 할 수 있도록 허락하신 하나님께 감사드립니다. 꽃꽂이 봉사는 나의 삶에서 큰 축복이었습니다. 하나님의 은혜를 어떻게 표현하며 하나님의 사랑에 대한 감사를 어떻게 표현할 것인가에 대해서 고민하고 있었는데, 이 꽃꽂이 봉사는 나에게 이러한 문제에 대한 시원한 해답을 주었습니다. 하나님이 만드신 가장 아름다운 꽃을 통해서 하나님을 향한 나의 사랑을 보여줄 수가 있었고, 어머니가 자녀를 사랑으로 품고 아끼며 기르듯이 그렇게 꽃 한 송이, 한 송이에 애정을 담아 성전 꽃꽂이로 하나님께 드릴 수 있게 되었습니다.

이러한 수고와 봉사는 어느덧 내 안에 주님을 향한 사랑이 꽃과 같이 향기를 내며 아름답게 피어나게 하였습니다. 꽃꽂이를 하면 할수록 주님을 향한 사랑은 깊어갔고, 주님의 아름다운 사랑을 가슴에 품을 수가 있었습니다. 아름다운 꽃을 통해서 하나님을 향한 사랑과 감사를 표현할 수 있어서 너무 감사하고 축복된 일이었습니다. 성전 꽃꽂이는 은사와 선택, 그리고 부르심에 대한 즐거운 헌신으로 이루어지는 거룩한 봉사입니다.

새로운 작품세계를 만들기 위한 고뇌는 기도를 잉태하게 되었고 기도 가운데 주님께로부터 지혜와 명철을 얻을 수가 있었습니다. 기도하는 마음으로 작품구상과 작업에 임하면서 주님의 섬세한 인도하심과 만져주심은 아름다운 작품을 만드는데 있어서 큰 원동력이 되었습니다. 그리고 작품이 나올 때마다 함께 기뻐하며 기도해주신 모든 성광교회의 가족들에게 감사를 드립니다.

오늘날 언어로 전달되는 설교 중심의 교회예배 전통에서 미술이나 음악과 같이 예배공간을 장식하는 꽃꽂이도 소리 없이 또 다른 언어로 전달되어지는 설교라는 것을 확신합니다. 자연의 아름다움이 손상되지 않고 더욱 아름답게 사진으로 승화시켜 주신 원회식 사진 작가에게 깊은 감사를 드립니다. 성전 꽃꽂이 화보집이 나올 수 있도록 여러 가지로 도움을 주고 힘이 되어주신 정종현 도서출판 누가 사장님과 모든 직원들에게도 감사를 드립니다.

마지막으로 본 꽃꽂이 화보집을 통해서 많은 사람들이 영감을 얻고 꽃꽂이를 통해서 주님께 영광 돌릴 수 있기를 기대합니다. 감사합니다.

2002년 어느 겨울

박을순 사모

추 · 천 · 사

"**한**" 송이 국화꽃을 피우기 위해 봄부터 소쩍새는 그렇게 울었나 보다" 라는 시와 같이 아름다운 꽃으로 하나님의 임재와 영광을 선포하기 위해 해산하는 수고로 생명 넘치는 아름다운 작품, 성전 꽃꽂이 화보집을 발간하게 된 것을 진심으로 축하드립니다. 하나 하나 작품을 통해서 많은 세월동안의 인고와 수고와 눈물어린 사랑의 손길을 느낄 수 있었습니다. 작품 마다에 영감이 깃들어 있고 주를 향한 애틋한 사랑과 찬송의 멜로디가 스며있음을 느낄 수 있어서 참으로 좋습니다.

생명을 다하여 주님을 사랑하는 모습이 그대로 작품에 담겨져 있어서 작품을 대할 때마다 주님을 향한 경외함을 느낄 수 있었습니다. 박을순 사모님께서 얼마나 하나님을 사랑하며 꽃을 사랑하고 있는지를 알 수 있었습니다. 다시 한번 주님의 임재와 다스림 속에 태어난 「예배와 꽃꽂이」 화보집의 탄생을 축하드리며 이 화보집을 통해서 많은 사람들이 하나님의 메세지가 눈으로 보여지고 하나님의 아름다움을 느낄 수 있기를 간절히 바라마지않습니다.

"하나님이 그들에게 복을 주시며 그들에게 이르시되 생육하고 번성하며 땅에 충만하라
땅을 정복하라 바다의 고기와 공중의 새와 땅에 움직이는 모든 생물을 다스리라 하시니라" (창 1:28)

하나님께서 우리에게 복을 주시고 하늘과 땅, 바다에 있는 모든 것들을 다스리라는 말씀이 있습니다. 하나님이 주신 아름다운 자연을 가꾸고 다스려서 아름다움을 지키며 하나님의 영광을 선포하는 아름다운 재창조의 사역, 성전 꽃꽂이 사역은 참으로 중요하다고 생각합니다. 우리 민족은 예로부터 자연을 사랑하여 시와 시조, 노래와 춤으로 풍류를 즐겼습니다. 꽃피는 봄이 되면 자연으로 나가 꽃놀이를 하며 새로운 생명의 부활을 노래했습니다. 이와같이 하나님께서 주신 자연을 아름답게 가꾸고 그것을 즐기는 여유, 행복을 누릴 특권이 인간에게 있습니다. 모든 사람들이 꽃꽂이를 통해서 주님께서 주신 아름다움을 즐기며 삶의 여유와 평안, 위로를 얻을 수 있기를 바라고, 주님께서 주신 아름다움을 감탄하며 참 아름답고 영화로우신 주님을 송축하는 아름다운 삶을 살아갈 수 있기를 간절히 소원합니다.

사단법인한국꽃꽂이협회 7대 이사장
금연화예연합회 이사장

우 금 연

예배와 꽃꽂이

· 초판 1쇄 발행 2003년 4월 25일

· 지은이 박을순
· 펴낸이 정종헌
· 펴낸곳 도서출판 누가

· 등록번호 제 20-342호
· 등록일자 2000. 8. 30.
· 서울시 동작구 노량진 2동 311-29(2층)
· Tel (02)826-8802, Fax:(02)825-0079

· 정가 48,000원
· ISBN 89-89344-32-8 03230

· 파본은 교환해 드립니다.
· 이 출판물은 저작권법에 의해 보호를 받는 저작물이므로 무단 복제할 수 없습니다.
· 독자의 의견을 기다립니다.
· www.lukevision.co.kr
· luke@lukevision.co.kr

· 미주지역 총판
JOY 기독백화점
3170 W. Olympic Bl., #E, L.A., CA 90006
Tel:(323)766-8793
Fax:(323)766-8796

아름다운 아름다운 꽃꽂이

종려나무 가지를 가지고 맞으러 나가 외치되 호산나 찬송하리로다
주의 이름으로 오시는 이 곧 이스라엘의 왕이시여 하더라
〈요 12:13〉

글라디오라스
백합
편백
리시안샤스

글라디오라스
안스륨
왁스플라워
드라세나
셀렘
곱슬버들

깃털
왕골
리시안샤스
소철
왁스프라워
잎설류화

대나무
흰대국

목련
백합
장미
떡갈고무나무

예배와 꽃꽂이 • 13

안스륨
둥굴레
몬스테라

곱슬버들
안스륨
네피론네피스

루카덴드롱
홍가시
나리

백합
은사철
탑사철
리시안사스

카라
튤립
셀렘
미니장미
곱슬버들

수수
해바라기
마타리
소국
엽란
표주박

엘란
체리
후리지아
해송

조팝나무
카라
르네브

델피늄
아이리스
스타치스
루스카스

글라디오라스
장미
엽란

글라디오라스
마타리
기린초
용담초
흰소국
너도밤나무

팜파스
그랑프리(체리)
소철
탱자나무

드라세나
아이리스
카스피아

산호
튤립
테이블야자

개나리
튤립
노란소국
탑사철

극락조
스프레이
곱슬버들
은엽아카시아

니아드리스
카스피아
천일홍
소철

마타리
용담

부들
사탕수수
흰대국
흰소국
쿠로톤
몬스테라

팜파스
엽란
안스륨
르네브
드라세나

수수
맨드라미
소국
마타리

크로톤
송 오브 인디아
소철
쿠루쿠마
르네브백합
휘닉스야자

예배와 꽃꽂이 • 35

만천홍
자마이카

수양버들
맥시코소철
그랑프리(체리)

까치밥
태극
각색소국

안스륨
조팝나무

카스피아
그랑프리(체리)
장미
소국

드라세나
금어초
소국
잎모란

자목련 · 대국 · 르네브

아이리스
뽕나무
노란대국
팥배

곱슬버들
카라
금어초
카네이션
테이블야자
소철
덴드롱
프레아핑크아이스

핀쿠션
소철

예배와 꽃꽂이 • 45

산수유
장미
난잎
은엽아카시아

아이리스
카틀레아
아래카야자

화이트라인(아나나스)
유코스
국화

유도화
하이페리쿰

산수유
뽀삐
무늬접엽란

글라디오라스
백합
탑사철
왁스플라워
휘닉스야자

몬스테라
루스카스
산당화
안스륨
장미

공작편백
파인애플
아이리스
실국
네피론네피스
노무라
카나리안스

마디초
카스피아
난잎
이소리아
카나리안스

캥거루포우
디스텔
야생피
범부체잎
노란국화

당귀
노무라
왁스플라워
야자
흰대국

핀쿠션
쏠리
홍드라세나
만년청(개운죽)

깃털
글라디오라스
백합
소국
산호
노무라
휘닉스
셀렘
흰국화

연산홍
각색소국
태극
나무피

난잎
아이리스
루스카스
장미(사피아)

미스티
천일홍

그랑프리(체리)
안개소국

표백곱슬
산데리아
홍드라세나
이소리아
양란
거베라
S.P.장미

갈대
코스모스

금어초
거베라
소국
테이블야자
몬스테라
만년청(개운죽)

글라디오라스
장미(버실리아)
멍게
안개소국
은사철

글라디오라스
쿠루쿠마
왁스플라워
네피론네피스
소철
야생피

글라디오라스 · 겐자 · 장미 · 네피론네피스 · 몬스테라

당귀
겐자야자
무늬옆란
왁스플라워
대국

홍드라세나
카스피아
아래카야자
금어초
튤립
대국도

범부채
설봉화
쿠루쿠마
왁스플라워
노무라
안개소국
스타백합

석화버들
극락조
카네이션
아이리스
신셀렘
몬스테라

장미
후리지아
둥글레

공작깃
애뮤그라스
명자란
스타치스
드로레아

74 • 예배와 꽃꽂이

해바라기
풍선초
안개소국
난잎
곱슬버들
팔소니꽃
크리스탈

예배와 꽃꽂이 • 75

덴파레
난잎
옆란

장미(스파이시)
루스카스
참빗살나무
백합

왕골
부들
수련
신종셀렘
몬스테라
왁스플라워

노란카라
쏠리스타
인시그라스

소나무
극락조
거베라
소국

안스륨
후리지아

설유화
스토크
르네브

사탕수수 · 노란국화 · 소국 · 다래넝쿨 · 몬스테라 · 쏠리스타

예배와 꽃꽂이 • 83

팜파스
둥글레
백합
엽란
실국
착색버들

시크라멘
난잎
뉴 카리

예배와 꽃꽂이 • 85

풍선초
르네브
거베라
흰소국
엽란

테이블야자
미니장미
비단향

남천 · 비라칸사 · 해바라기 · 소국 · 갈대

산수유
거베라
난잎

예배와 꽃꽂이 • 89

조팝나무
르네브
셀렘

안스륨
탑사철
장미
신루스카스

엉겅퀴
버들강아지
애뮤그라스
산데리아

장미
르네브
루스카스

호접란
덴파레
산데리아골드
루스카스
스틸그라스

익소라
잉꼬아나나스
홍드라세나
체리아나나스

버들강아지
금어초
카네이션
루스카스

산당화
스파트필름
은옆아카시아
호접란

수
용담
태극
소국
팔손이꽃

마가목열매
신셀렘
유도화꽃
르네브백합

보라공작
소국
굴피
측백

핀쿠션 · 라이스플라워 · 소철 · 소국 · 청미래넝쿨

옥수수
멍게
목화
이소리아

핑크프록스
버들가지
르네브
황금 쥐땅나무

예배와 꽃꽂이 • 103

크로톤
모레카
소국
양국

설유화
카틀레아

예배와 꽃꽂이 • 105

그랑프리(체리)
뉴카리
루카덴드롱

산데리아골드
노란소국
스타치스

설유화
카라
스토크
둥글레

수수
각색소국

뉴카리 · 스토크

쥐땅나무
호접란

버들강아지 · 스프레이 · 신셀렘 · 흰소국 · 델피늄

개나리
노란장미

겐자
카라
카네이션
홍드라세나

카라
흰대국
분홍카네이션
몬스테라

예배와 꽃꽂이 • 115

마디초(속새)
안스륨
미니장미

카
실국
신셀렘

덴파레
르네브
네피론네피스
소철

온시디움
노란실국

예배와 꽃꽂이 • 119

소나무
대국
소국
무궁화
나무피

아이리스
실국
카스피아
노무라

델피늄
노란장미
신셀렘
루필레스

소국
노란실국
소나무
대나무
테이블야자

예배와 꽃꽂이 • 123

니아드리스
덴파래
소철
말채

해바라기
소국
엽란
송 오브 인디아

만년청(개운죽)
카라
설유화
호접란

잎새란
호접란
금어초
네피론네피스
신셀렘

황금공작
백합
파인애플
은사철
종려잎(도시로)

조팝나무
화초앵두

금어초
그랑프리(체리)
버들강아지
드라세나

극락조
장미
네피론네피스
스타백합

몬스테라
백합
장미
루스카스

아래카야자
퀸프로테아
왁스플라워
몬스테라
소철
구즈마니아

뽀삐
애뮤그라스

델피늄
겐자야자
루스카스
스타백합
S.P. 카네이션

예배와 꽃꽂이 • 135

만년청
후리지아
드라세나
테이블야자

석화버들
나리
수양버들
산호수

송 오브 인디아
크로톤 잎
르네브 백합
하이페리쿰

크로톤
노란대국
소국
드라세나

카라
나리
난잎
신셀렘

국화
소국
카스피아
네피론네피스

예배와 꽃꽂이 • 141

만년청
장미
종려잎
노무라
나리

석화버들
팥배
조팝나무

미스티 · 스토크 · 네피론네피스

흰대국
카네이션
소나무
공작꼬리

예배와 꽃꽂이 • 145

장미
스토크
루스카스
프로레아 핑크아이스

글라디오라스
쥐땅나무
거베라
흰소국

예배와 꽃꽂이 • 147

극락조
다래넝쿨
장미
은사철
소국

산딸기
설유화

왕골
맨드라미
나리
쏠리스타

겹설유화
만년청
백합
카네이션
아스파라거스

예배와 꽃꽂이 • 151

깃털
안스륨
백합
소철
인디아
왁스플라워
루카덴드롱
트리칼라

휘닉스야자
용담초
청미내넝쿨
쿠루쿠마
왁스플라워
마지나타

예배와 꽃꽂이 • 153

루카덴드롱
파인애플
장미
네피론네피스

디스렐
호거리
소국
뉴싸이렌

예배와 꽃꽂이 • 155

금어초 · 카라 · 그랑프리(체리) · 조팝나무 · 몬스테라

네피론네피스
노무라
케로네
왁스플라워
휘닉스
장목열매

보로니아
소국

조팝나무 · 르네브 · 옆란 · 루스카스

예배와 꽃꽂이 • 159

석화버들
튤립
산호
로코코츄립

카스피아
장미(버실리아)
무늬엽란

카라
카틀레아
호접란
난잎
루스카스

162 • 예배와 꽃꽂이

버들강아지
장미
금어초
스프레이
옆란
테이블야자

탱자나무
아이리스
백합
소철
스프레이

만년청
장미
튤립
카스피아
미리오

루카덴드롱
왁스플라워
스프링게리
리아트리스
부바르디아

부들
버들
셀렘
왁스플라워
연꽃

드라세나
핀쿠션
금어초
노란장미
신비디움

목련
스토크
몬스테라
바바로스크

예배와 꽃꽂이

루카덴드롱
왁스플라워
핀쿠션
신셀렘
호접란

안스륨
카스피아
나리
둥글레
소철

172 • 예배와 꽃꽂이